AF314883

CATALOGUE

DES LIVRES IMPRIMÉS

OU QUI SE TROUVENT EN NOMBRE,

A PARIS,

Chez PRAULT petit-fils, Libraire, Quai des Augustins, la deuxieme Boutique au-dessus de la rue Gilles-Cœur, à l'Immortalité.

THÉOLOGIE.

Dictionnaire Historique de la Bible, par Dom Calmet, 4 vol. in-folio, figures, 120 liv.
Dictionnaire Théologique, portatif, in-8. 3 liv.
Dictionnaire abrégé de la Bible, par Chompré, in-12. *petit forma*, 1 l. 10 l.
Dictionnaire portatif des Conciles, in-8. 5 l.
La Bible de Saurin, contenant le Vieux & le Nouveau Testament, avec les belles figures de Bern. Picard & autres plus habiles Maîtres, 6 vol. in-fol. pap. *super-royal*, 300 l.
Commentaire Littéral sur les Pseaumes de David, par le P. de Carrieres, in-12. 2 l. 10 s.
L'Année Chrétienne, contenant les Messes des Dimanches & Fêtes de toute l'année, en Latin & en François, avec l'explication des Epîtres & Evangiles, par M. le Tourneux, 13 vol. in-12. 45 l.
Epîtres & Evangiles des Dimanches & Fêtes de toute l'année, avec des Réflexions, in-12. 2 l. 10 s.
Passages les plus touchans du Nouveau Testament, avec des réflexions & des notes, par l'Abbé Lambert, in-12. 2 l. 10 s.
Elevations à J. C. sur sa Vie & ses Mysteres, par Thomas à Kempis, in-12. 2 l. 10 s.
Avis salutaires d'un Philos. Chrétien, distribués par chaque jour du mois, in-12. 1 l. 4 s.
Le Philosophe Chrétien, par M. Formey, 4 vol. in-12. 10 l.
Essai sur la Perfection Chrétienne, in-12. 1 l. 10 s.

A

2

THÉOLOGIE.

Instructions générales en forme de Catéchisme, imprimées par ordre de M. Colbert, Evêque de Montpellier, 3 vol. in-12. 7 l. 10 s.
Instruction de Pénitence, par M. Gobinet, in-12. 2 l.
Sermons du P. de la Ruë, 4 vol. in-8. 11 l.
Sermons sur divers textes de l'Ecriture Sainte, augmentés de ceux sur l'Histoire de la Passion de N. S. Jesus-Christ, par Jacques Saurin, 11 vol. in-12. 27 l.
Les mêmes, 12 vol. in-8. 48 l.
Les Sermons de l'Avent & du Carême, & autres sur differens sujets intéressans; Oraisons funebres; Conférences Ecclésiastiques; Discours Synodaux; Mandemens; Paraphrases sur les Pseaumes; Pensées sur differens sujets de Morale & de Piété, &c. par M. Massillon, Prêtre de l'Oratoire, contenant 13 vol. in-12. *petit caractere*, 26 l.
Panégyriques de Seguy, 2 vol. in-12. 5 l.
Sermons du même, 2 vol. in-12. 5 l.
La Religion Chrét. méditée dans le véritable esprit de ses maximes, 6 vol. in-12. 15 l.
Traité de la Vérité de la Religion Chrétienne, avec l'Art de se connoître soi-même, par Jacques Abbadie, 4 vol. in-12. 10 l.
Idem, de la Religion Chrétienne, traduit de l'Anglois d'Addisson, 2 vol. in-8. 7 l.
Traités de l'existence & des attributs de Dieu; des devoirs de la Religion naturelle, & de la vérité de la Religion Chrét. par Clarke, trad. de l'Angl. 3 vol. in-12. 7 l. 10 s.
Questions diverses sur l'Incrédulité, in-12. *petit forma*, 2 l. 10 s.
L'Incrédulité convaincue par les Prophéties, 3 vol. in-12. *petit forma*, 7 l. 10 s.
Principes sur l'Eglise, ou Préservatif contre l'Hérésie, par M. Roussel, Prêtre, 2 vol. in-12. 4 l.
Principes de Religion, ou Préservatif contre l'Incrédulité, par le même, in-12. 2 l. 10 s.

JURISPRUDENCE.

Les Loix Ecclésiastiques, par M. d'Héricourt, in-fol. 24 l.
Recueil de Jurisprudence Canonique & Bénéficiale, par ordre alphabétique, par M. Guy du Rousseau de la Combe, sur les Mémoires de feu M. Fuet, in-fol. 24 l.
Histoire du Droit Public, Ecclésiastique, François, par M. de B.... 2 vol. in-12. 5 l.
Code des Curés, ou nouveau Recueil concernant les Dixmes, &c. 3 vol. in-12. 9 l.
Nouvelle Introduction à la Pratique, par Cl. Jos. de Ferriere, 2 vol. in-12. 8 l.
Les Loix Civiles dans leur ordre naturel, le Droit Public, & *Legum Delectus*, par Domat, nouvelle édition, augmentée par MM. d'Héricourt, Boucheyret, Berroyer, & Chevalier, in-fol. 24 l.
L'Esprit des Loix, (par M. de Montesquieu,) 4 vol. in-12. 10 l.
Dictionnaire de Droit & de Pratique, par Ferriere, 2 vol. in-4. 20 l.
Institution au Droit François, par Argou, 2 vol. in-12. 6 l.
La nouvelle Pratique Civile & Criminelle, & Bénéficiale, ou le nouveau Praticien François, par Lange, 2 vol. in-4. 18 l.
La Science Pratique des Notaires, par Ferriere, 2 vol. in-4. 20 l.
Les Œuvres de Jean Bacquet, augmentées par Ferriere, 2 vol. in-fol. 36 l.
Œuvres diverses de M. Patru, contenant ses Plaidoyers, &c. 2 vol. in-4. 15 l.
Œuvres de M. Cochin, 6 vol. in-4. 60 l.
Œuvres de Me. Ant. d'Espeisses, nouvelle édition augmentée par Guy du Rousseau de la Combe, 3 vol. in-fol. 60 l.
Œuvres de M. Duplessis sur la Coutume de Paris, avec les Notes de MM. Berroyer & Lauriere, 2 vol. in-fol. 40 l.
Coutumes Générales d'Artois, par Adrien Maillart, avec des notes, in-fol. 20 l.
Code Pénal, ou Recueil des principales Ordonnances, Edits & Déclarations sur les Crimes & Délits, in-12. 3 l.
Traité des Donations, avec la Coutume d'Amiens commentée par Ricard, & les nouvelles additions de Michel Duchemin, 2 vol in-fol. 40 l.
Traité de l'Abus, par Ch. Fevret, 2 vol. in-fol. 36 l.
Œuvres posthumes de d'Héricourt, 4 vol. in-4. 40 l.
Œuvres de M. de Renusson; sçavoir, de la Communauté, du Douaire, de la Garde-Noble & Bourgeoise, des Propres, & de la Subrogation, par M. Sérieux, in-fol. 24 l.

Traité de la Communauté, par le Brun, nouvelle édition augmentée, in-fol. 18 l.

Arrêts notables des différens Tribunaux du Royaume, par Augeard, 2 vol. in-fol. 40 l.

Causes célebres & intéressantes, avec les Jugemens qui les ont décidées, 20 v. in-12. 50 l.

Dictionnaires des Aydes, par de Grandmaison, in-12. 5 l.

Journal du Palais, ou Recueil des principales Décisions de tous les Parlemens & Cours Souveraines de France, par MM. Blondeau & Gueret, 2 vol. in-fol. 40 l.

Journal des principales Audiences du Parlement de Paris, 7 vol. in-fol. 168 l.

Le Droit de la Nature & des Gens, traduit du Latin de Puffendorf, par Barbeyrac, 3 vol. in-4. 30 l.

Le Droit de la Guerre & de la Paix, traduit du Latin de Grotius, 2 vol. in-4. 10 l.

Nouvelle Instruction, ou Style général des Huiffiers ou Sergens, in-12. 2 l. 10 f.

Code de la Police, ou Analyse des Réglemens de Police, divisé en douze Titres, in-12. 2 l. 10 f.

Code des Commensaux, in-12. 6 l.

Code Rural, ou Maximes & Réglem. concern. les Biens de campagne, 2 vol. in-12. 5 l.

Ordonnances pour le Service des Places, pour le Service de l'Infanterie en Campagne, pour l'Exercice de la Cavalerie, pour l'Exercice de l'Infanterie, 4 vol. in-18. 8 l.
>   *Chacune de ces Ordonnances se vend séparément.*

Code des Chaffes, 2 vol. in-12. 6 l.

SCIENCES ET ARTS.

DE l'Origine des Loix, des Arts & des Sciences, & de leurs progrès chez les anciens Peuples, par M. Goguette, 3 vol. in-4. fig. 30 l.

Le même, 6 vol. in-12. 15 l.

Le Dictionnaire des Arts & des Sciences, par Corneille, 2 vol. in-fol. 30 l.

Introduction à la Philofophie, contenant la Métaphyfique & la Logique, par G. J. Sgravefende, in-8. 5 l.

Hiftoire critique de la Philofophie, par Deflande, 4 vol. in-12. 10 l.

Réflexions morales de l'Empereur Marc-Antonin, in-12. 4 l.

Analyfe de la Philofophie du Chancelier Bacon, 3 vol. in-12. 7 l. 10 f.

La Philofophie applicable à tous les objets de l'Efprit & de la Raifon, par l'Abbé Terraffon, in-8. 3 l.

La Philofophie du Bon-Sens, par le Marquis d'Argens, 3 vol. in-12. *petit forma*, 6 l.

Effai Philofophique, concernant l'Entendement humain, par M. Locke, traduit de l'Anglois par Cofte, 4 vol. in-12. 10 l.

Les Offices de Ciceron, traduits en François, avec le Latin à côté, par M. du Bois, in-12. 2 l. 10 f.

Les Livres de Ciceron de la Vieilleffe & de l'Amitié, par le même, in-12. 2 l. 10 f.

Les Loix de la Nature, expliquées par le Docteur Richard Cumberland, traduit du Latin de Barbeyrac, in-4. 12 l.

Le Spectateur Anglois, 9 vol. in-12. 18 l.

Le Spectateur François, par M. de Marivaux, nouvelle édition, 2 vol. in-12. 5 l.

Les Devoirs de l'Homme & du Citoyen, traduit du Latin de Puffendorf, par Barbeyrac, 2 vol. in-12. 6 l.

Confidération fur les Mœurs de ce fiécle, par M. Duclos, in-12. 2 l. 10 f.

Effai pour parvenir à la connoiffance de l'Homme, par M. Coutan, in-12. 2 l. 10 f.

Le Livre des Enfans, ou Idées générales & Définitions des chofes dont les Enfans doivent être inftruits, in-8. 1 l. 4 f.

Réflexions, Sentences & Maximes morales, par M. de la Rochefoucault, avec les notes de M. de la Houffaye, in-12. *petit forma*, 2 l.

L'Education des Enfans, traduit de l'Anglois de Locke, par Cofte, 2 vol. in-12. 5 l.

L'Homme aimable, avec des réflexions & des penfées fur divers fujets, par M. Marin, in-12. 2 l.

L'Efprit du Siécle, ou Recueil de caracteres, penfées & maximes tirées de nos meilleurs Auteurs modernes, in-12. 2 l.

La Fable des Abeilles, ou les Fripons devenus Honnêtes-gens, *Londres*, 4 v. in-12. 10 l.

Œuvres de Machiavel, traduites de l'Italien, 6 vol. in-12. 18 l.

L'Ami des Hommes, ou Traité de la Population, in-4. 3 vol. 24 l.
Idem, 8 vol. in-12. 30 l.
Hist. Natur. du Cabinet du Roi, par MM. de Buffon & Daubenton, 14 v. in-12. 42 l.
Réflexions politiques sur les Finances & le Commerce, par Dutot, 2 vol. in-12. 6 l.
Les Intérêts de la France mal entendus, 3 vol. in-12. 9 l.
Recherches & considérations sur les Finances, 2 vol. in-4. 24 l.
Le même Livre, 6 vol. in-12. 15 l.
Essai sur l'état du Commerce d'Angleterre, 2 vol. in-12. 5 l.
Recherche de la Vérité, par le P. Mallebranche, 4 vol. in-12. 10 l.
De la certitude des connoissances Humaines ; ou Examen philosophique de diverses pré-
    rogatives de la Raison ou de la Foi, traduit de l'Anglois, in-8. 3 l.
Telliamed, ou Entretiens d'un Philosophe Indien, 2 vol. in-12. 5 l.
Institutions de Physique, par Madame la Marquise du Châtelet, in-8. 7 l.
Entretiens Physiques d'Ariste & d'Eudoxe, par le P. Regnault, 5 v. in-12. fig. 12 l. 10 s.
Bibliotheque de Physique & d'Hist. Natur., par l'Abbé Lambert, 3 v. in-12. 12 l. 10 s.
Le Spectacle de la Nature, par M. Pluche, 9 vol. in-12. 36 l.
Histoire naturelle de la Coralline, in-4. gr. pap. fig. enluminées, 72 l.
Essai sur l'Histoire Naturelle de la Mer Adriatique, par Donati, in-4. grand papier, fig.
    enluminées, 36 l.
Hermanni Musæum Zeylanicum sive Catalogus Plantarum, in-8. 1 l. 4 s.
Abrégé de l'Histoire des Plantes usuelles, par Chomel, 3 vol. in-12. 7 l. 10 s.
Histoire des Plantes de l'Europe, par Bauhin, 2 vol. in-12. fig. 6 l.
Dictionnaire de Botanique, &c. Pharmaceutique, &c. par ***, in-8. 4 l. 10 s.
Mémoire instructif sur la maniere de rassembler, de préparer, de conserver & d'envoyer
    les diverses curiosités d'Histoire Naturelle, in-8. fig. 5 l.
Théologie des Insectes, par Leiser, avec des Remarques de M. Lyonnet, 2 vol. in-8.
    figures, 8 l.
Théologie de l'Eau, traduite de l'Allemand de J. Albert Fabricius, avec des Remar-
    ques, in-8. 4 l.
Dictionnaire Universel d'Agriculture & de Jardinage, de Fauconnerie, Chasse, Pêche,
    Cuisine & Manége, par Liger, 2 vol. in-4. figures, 20 l.
Instructions pour les Jardins, par de la Quintinie, 2 vol. in-4. 20 l.
Les Agrémens de la Campagne, ou Remarques particulieres sur la construction des Mai-
    sons de campagne, Jardins de plaisance, Plantages, &c. 3 vol. in-12. fig. 7 l. 10 s.
L'Ecole du Jardin potager, par M. de la Combe, 2 vol. in-12. 6 l.
Dictionnaire Médecinal, par J. G. Docteur en Médecine, in-12, 1 l. 10 s.
La Médecine & la Chirurgie des Pauvres, in-12. 1 l. 10 s.
Secrets utiles & éprouvés dans la pratique de la Médecine & de la Chirurgie, pour con-
    server la santé & la vie, in-12. 3 l.
Traité pratique de la cure des Fievres, traduit de l'Anglois de Théop. Lobbe, 2 vol.
    in-12. 5 l.
Méthode aisée pour conserver la santé jusqu'à une extrême vieillesse, traduit de l'An-
    glois par M. de Preville, in-12. 3 l.
Elémens de Physiologie, ou Traité de la Structure des différentes parties du Corps hu-
    main, traduit du Latin de Haller, in-8. 4 l.
La Génération de l'Homme, ou Tableau de l'Amour conjugal, par Venette, 2 vol.
    in-12. figures, 5 l.
Cours de Chymie, pour servir d'introduction à cette Science, par le Fevre, 5 vol.
    in-12. 12 l. 10 s.
Les Dons de Cómus, ou l'Art de la Cuisine réduit en pratique, 3 vol. in-12. 7 l. 10 s.
Nouveau Traité de la Cuisine, avec de nouveaux desseins de Tables & vingt-quatre
    Menus, 3 vol. in-12. 7 l. 10 s.
Les Soupers de la Cour, ou l'art de travailler toutes sortes d'Alimens, 4 vol. in-12. 10 l.
Abrégé des Elémens de Mathématiques, par M. Rivard, in-8. figures, 3 l. 10 s.
Elémens de Géométrie, par M. de Malezieu, in-8. figures, 4 l.
Le Livre des Comptes faits, ou Tarif gén. des Monnoyes, par Barreme, in-12. 2 l. 10 s.
Le même, in-12. *petit forma*, 2 l.
La Science des Négocians & Teneurs de Livres, par de la Porte, in-8. *oblong*. 5 l.
Génération harmonique, ou Traité de Musique théorique & pratique, par M. Rameau,
    in-8. 4 l.

Lettre fur la Mufique Françoife, par Jean-Jacques Rouffeau, in-8.   1 l. 10 f.
L'Efprit de l'Art Mufical, ou Réflexions fur la Mufique, par Blainville, in-8. 1 l. 16 f.
Le petit Prophete de Boemifchbroda, in-8.   1 l. 16 f.
Tous les Écrits pour & contre la Mufique Italienne.
Réflex. critiques fur la Poëfie & la Peinture, par l'Abbé Dubos, 3 v. in-4. *pap. fin.* 42 l.
Le même Livre, 3 vol. in-12.   7 l. 10 f.
Dictionnaire portatif de Peinture, Sculpture & Gravure, &c. par Dom Pernety, Béné-
    dictin, in 8. figures,   4 l. 10 f.
Mémoires fur la Peinture à l'Encauftique & fur la Peinture à la Cire, par M. le Comte
    de Caylus & M. Majault, in-8. figures,   1 l. 16 f.
Traité de la méthode antique de graver en pierres fines, comparée avec la méthode
    moderne, & expliquée en diverfes planches, par L. Natter, in-fol.   36 l.
Dictionnaire Militaire portatif, contenant tous les termes propres à la Guerre, par
    D. L. C. D. B. 3 vol. in 8.   15 l.
Le petit Dictionnaire du Tems, pour l'intelligence des nouvelles de la Guerre, par
    l'Admiral, nouvelle édition, in-8. figures,   4 l. 10 f.
Elémens de l'Art Militaire, par d'Héricourt, 6 vol. in-12.   15 l.
Le Code Militaire, par Briquet, 8 vol. in-12.   20 l.
Effai fur l'Art de la Guerre, par M. le Comte de Turpin de Criffé, 2 vol. in-4. fig. 30 l.
La petite Guerre, ou Traité du fervice des Troupes légeres en Campagne, par M. de
    Grandmaifon, in-12.   5 l.
Le nouveau parfait Maréchal, ou la Connoiffance générale & Univerfelle du Cheval,
    avec un Dictionnaire des termes de Cavalerie, par Garfault, in-4. figures,   10 l.
Ecole de Cavalerie, contenant la connoiffance, l'inftruction & la confervation du Che-
    val, par M. de la Gueriniere, 2 vol. in-8. figures,   12 l.
Elémens de Cavalerie, par le même, 2 vol. in-12. *petit forma*.   5 l.
Elémens d'Hippiatrique, ou nouveaux principes fur la connoiffance & fur la Médecine
    des Chevaux, par Bourgelat, 3 vol. in-8.   12 l.
Obfervations fur les Articles concernant la Maréchalerie, inférés dans le Diction-
    naire Encyclopédique, par le Sr. Rondin, Maréchal de la grande Ecurie du Roi,
    in-12.   1 l. 10 f.
La nouvelle Méthode raifonnée du Blafon, par le P. le Meneftrier, in-12. fig.   3 l.
L'Efprit des Beaux-Arts, 2 vol. in-12.   5 l.

BELLES-LETTRES.

Rob. Stephani, Thefaurus Linguæ Latinæ, 4 vol. in fol.   80 l.
Novitius feu Dictionar. Lat. Gall. à Schrevelio Digeftum, &c. 2 vol. in-4.   18 l.
Gradus ad Parnaffum, in-8.   5 l.
Dictionnaire Univerfel, François & Latin, vulgairement appellé *Trevoux*, nouvelle
    édition, 7 vol. in-fol.   168 l.
Le petit Apparat Royal, ou Nouveau Dictionnaire François & Latin, in-8.   3 l.
Dictionnaire pour la Langue Françoife, par Richelet, nouv. édit. 3 vol. in-fol. 60 l.
Dictionnaire portatif de la Langue Françoife, extrait du Livre précédent, in-8. 4 l. 10 f.
Traité de l'Orthographe Françoife, *Poitiers*, in-8.   7 l.
Grammaire générale & raifonnée de la Langue Françoife de MM. de Port-Royal, avec
    des notes de M. Duclos, in-12.   3 l.
Principes généraux & raifonnés de la Grammaire Françoife, par Reftaut, in-12.   3 l.
Synonymes François, par l'Abbé Girard, in-12.   3 l.
Des Tropes, ou des différens Sens dans lefquels on peut prendre un même mot dans une
    même Langue, par M. Dumarfais, in-8.   4 l.
Dictionnaire Comique, Satyrique, Critique, Libre, Burlefque & Proverbial, &c. par
    le Roux, in-8.   7 l.
Dictionn. Italien & François de Veneroni, édit. augm. par Placardi, 2 vol. in-4. 18 l.
Grammaire Italienne, par M. l'Abbé Antonini, in-12.   2 l. 10 f.
Le Maître Italien de Veneroni, in-12.   2 l. 10 f.
Dictionnaire Efpagnol-François, & François-Efpagnol, par Sobrino, 2 vol. in-4. 14 l.

POETES.

BELLES-LETTRES.

Œuvres de la Chauffée, 5 vol. in-12. *petit forma.*   10 l.
Théâtre de M. de Saint-Foix, 4 vol. in-12.   10 l.
Œuvres de Piron, 3 vol. in-12. avec des figures par M. Cochin,   9 l.
Les Œuvres de M. de Launay, in-12.   2 l. 10 f.
Théâtre de Laffichard, in-8.   4 l. 10 f.
Théâtre de Peffelier, in-8.   4 l. 10 f.
Théâtre de Guyot de Merville, in-8.   4 l. 10 f.
Théâtre de Boiffy, 9 vol. in-8.   36 l.
Théâtre de Marivaux, 5 vol. in-12.   15 l.
Œuvres Dramatiques de Néricault Deftouches, 10 vol. in-12. *petit forma*,   20 l.
Les mêmes, 8 vol. in-12.   24 l.
Théâtre de Fagan, 4 vol. in-12.   10 l.
Nouveau Théâtre François, ou Recueil des plus nouvelles Pieces repréfentées au Théâtre François depuis quelques années, 8 vol. in-8.   36 l.
Œuvres de Vadé, 4 vol. in-8.   20 l.
Théâtre de Favart, contenant fes Opéra-Comiques, 7 vol. in-8.   36 l.
Extrait de plufieurs Pieces du Théâtre Efpagnol, par Duperon de Caftera, in-12. 2 l. 10 f.
Recueil général des Opéra repréfentés par l'Académie Royale de Mufique, depuis fon établiffement jufqu'à préfent, 16 vol. in-12. *petit forma*,   48 l.
Réflexions de Mademoifelle C**, Comédienne Françoife, in-12. *broch.*   1 l. 4 f.
Lettre fur le Théâtre Anglois, avec une traduction de l'Avare, de M. Shadwell, & de la Femme de Campagne, Comédie de M. Wicherley, 2 vol. in-12.   5 l.
The Collection of Plays, by Shakefpear, &c. 6 vol. in-8.   40 l.
Le Théâtre Anglois, trad. par M. de la Place, 8 vol. in-12.   27 l.
Choix de petites Pieces du Théâtre Anglois, traduit des originaux, 2 vol. in-12.   4 l.

ROMANS.

Dictionnaire abrégé de la Fable, par Chompré, in-12. *petit forma*,   2 l. 10 f.
Dictionnaire Mytho-Hermétique, dans lequel on trouve les Allégories Fabuleufes des Poëtes, &c. par Dom Pernety, Bénédictin, in-8.   4 l. 10 f.
Fables Egyptiennes & Grecques, par le même, 2 vol. in-8.   9 l.
Les Mille & une Nuit, Contes Arabes, traduits en François par M. Galland, 6 vol. in-12.   15 l.
Les Mille & un Jour, Contes Perfans, par M. Petis de la Croix, 5 vol. in-12. 12 l. 10 f.
Les Mille & Un Quart-d'Heure, Contes Tartares, 3 vol. in-12   7 l. 10 f.
Les Mille & Une Heure, Contes Péruviens, 2 vol. in-12.   5 l.
Les Contes des Fées, par Madame d'Aulnoy, 4 vol. in-12.   10 l.
Tanzaï & Neadarné, (par M. de Crebillon le fils,) 2 vol. in-12. *petit f.* avec fig.   6 l.
Le Sopha, Conte Moral, (par le même,) in-12. *petit forma*, avec fig.   5 l.
Les Manteaux, Recueil, in-12. 2 parties,   3 l.
Recueil de ces Meffieurs, in-12.   2 l. 10 f.
Hiftoires nouvelles & Mémoires ramaffés, in-12.   2 l. 10 f.
Bibliotheque de Campagne, ou Amufemens de l'Efprit & du Cœur, 12 vol. in-12. 36 l.
Les Aventures de Telemaque, par M. de Fenelon, 2 vol. in-12.   5 l.
Hiftoire de Don Quichotte, par Michel Cervantes, in-12. 6 vol. figures,   15 l.
Le même, avec les belles figures de Coypel, Picart le Romain, & autres habiles Maîtres, in-4,   30 l.
Les Amours de Tibulle & de Catulle, par M. de la Chapelle, 5 vol. in-12. fig. 12 l. 10 f.
Hiftoire du vaillant Chevalier Tirant-le-Blanc, traduit de l'Efpagnol, 2 vol. in-8. 6 l.
Zaïde, Hiftoire Efpagnole, par M. de Segrais, avec un Traité de l'origine des Romans, par M. Huet, 2 vol. in-12.   5 l.
La Princeffe de Cleves, in-12.   2 l. 10 f.
La Caloandre fidele, traduite de l'Italien d'Ambrofio Marini, 3 vol. in-12. 7 l. 10 f.
Faramond, Roman, 4 vol. in-12.   10 l.
Caffandre, Roman, 3 vol. in-12.   7 l. 10 f.
Les Journées amufantes, par Madame de Gomez, 8 vol. in-12. figures,   21 l.
Hiftoire de Gilblas de Santillane, par M. le Sage, 5 vol. in-12. *petit forma*,   10 l.
Le Diable Boiteux, par le même, 3 vol. in-12. *petit forma*, avec figures,   6 l.
Hiftoire de Stevanille Gonzales, furnommé le Garçon de bonne humeur, traduite de l'Efpagnol, par le même, 2 vol. in-12.   5 l.

Histoire de D. Ranucio d'Aletès, écrite par lui-même, 2 vol. in-12. figures,   5 l.
Le Bachelier de Salamanque, par M. le Sage, 3 vol. in-12. *petit forma*,   6 l.
Histoire de Gusman d'Alfarache, par le même, 2 vol. in-12.   5 l.
Mémoires & Aventures d'un Homme de Qualité, avec Manon l'Escot, par l'Abbé Prevost, 8 vol. in-12. *petit forma*,   18 l.
Le Doyen de Killerine, (par le même,) 6 parties in-12.   9 l.
Le Philosophe Anglois, ou Histoire de Cleveland, trad. de l'Anglois, (par le même,) 6 vol. in-12.   15 l.
Histoire de Miss Clarisse, traduite de l'Anglois, par le même, 12 vol. in-12.   24 l.
Les Veillées de Thessalie, par Mademoiselle de Lussan, 4 vol. in-12.   10 l.
Histoire de la Comtesse de Gondez, par la même, 2 vol. in-12.   5 l.
Anecdotes de la Cour de Philippe Auguste, par la même, 6 vol. in-12.   15 l.
Anecdotes de la Cour de François I. par la même, 3 vol. in-12.   7 l. 10 s.
Annales Galantes de la Cour de Henri II. par la même, 2 vol. in-12.   5 l.
Marie d'Angleterre Reine, Duchesse, par la même, in-12.   2 l. 10 s.
Les Egaremens du Cœur & de l'Esprit, par M. de Crebillon le fils, in-12.   3 l.
Mémoires du Comte de Grammont, par Hamilton, 2 vol. in-12. *petit forma*,   4 l.
Mémoires du Chevalier de Ravannes, 3 vol. in-12.   6 l.
Les Confessions du Comte de * * *, par M. Duclos, in-12.   3 l.
Acajou & Zirphile, Conte, par le même, in-12. figures,   3 l.
Histoire de Madame de Luz, Anecdotes du Regne d'Henri IV. in-12. 2 parties, 7 l. 10 s.
Histoire de Tom-Jones, ou l'Enfant trouvé, trad. de l'Anglois, par M. de la Place. 4 vol. in-12.   10 l.
Les Mémoires de Cecile, traduits de l'Anglois, par le même, 4 vol. in-12.   8 l.
L'Orpheline Angloise, trad. de l'Anglois, par le même, 4 vol. in-12. *petit forma*, 8 l.
L'Etourdie, ou Histoire de M. Betsy Tatless, trad. de l'Angl. 4 parties, in-12. *br.*   6 l.
Aventures de Robinson Crusoë, 3 vol. in-12.   7 l. 10 s.
Les Romans de Boursault, 2 vol. in-12.   5 l.
Histoire des Imaginations extravagantes de M. Oufle, 5 parties in-12.   6 l.
Silvie, Ouvrage galant, (par M. Vatelet,) in-8. avec des figures du même Auteur, sous presse.
Le Temple de Gnide, in-12.   2 l.
Le Siége de Calais, par Madame de Tencin, 2 vol. in-12.   5 l.
La Vie de Mariaune, par M. de Marivaux, 4 vol. in-12. *petit forma*,   8 l.
Le Paysan parvenu, par le même, 8 parties, 3 vol. in-12.   7 l. 10 s.
La Paysanne parvenue, par M. le Chevalier de Mouhy, 4 vol. in-12. *petit forma*, 8 l.
Histoire Amoureuse des Gaules, par M. le Comte de Bussi Rabutin, 5 vol. in-12. *petit forma*,   12 l. 10 s.
Angola, Histoire Indienne, par M. le Chevalier de la Morliere, 2 vol. in-12. *petit forma*, avec figures,   4 l.
Gri-Gri, Histoire véritable, par M. de Cahusac, 2 vol. in-12.   4 l.
Mirza & Fatmé, Conte Indien, traduit de l'Arabe, in-12.   2 l. 10 s.
La Vie & les Aventures du Petit Pompée, Histoire critique, traduite de l'Anglois, par M. Toussaint, 2 vol. in-12. *petit forma*,   4 l.
Les Céramiques, 2 parties, *brochées*,   3 l.
Mémoires de Milady B. 4 parties, *brochées*,   2 l. 8 s.
Histoire de Rasselas, Prince d'Abissinie, traduite de l'Anglois, par M. B****, 2 part. in-12. *brochées*,   1 l. 16 s.
Il Congresso di Citera, in-12.   2 l. 10 s.
Histoire des Filles célebres du XVIIIe siécle, 2 Parties, in-12. *broch.*   1 l. 10 s.

HISTOIRE.

Abrégé portatif du Dictionnaire Géog. de la Martiniere, 2 vol. in-8. en un,   6 l.
Méthode abrégée & facile pour apprendre la Géographie, dédiée à Mademoiselle de Crozat, in-12.   3 l.
Voyages de Pietro della Vallée, dans la Turquie, &c. 8 vol. in-12.   20 l.
Voyages de Corneille le Bruyn au Levant, &c. 5 vol. in-4. figures,   36 l.

HISTOIRE. 11

Voyages faits principalement en Asie, concernant les Voyages & les nouvelles Décou-
vertes des principaux Voyageurs, par Bergeron, 2 vol. in-4. figures, 18 l.
Voyages & Aventures de Jacques Massé, in-12. 3 l.
Discours sur l'Histoire Universelle, par M. Bossuet, Evêque de Meaux, 2 vol. in-12. 5 l.
Histoire Universelle, depuis le commencement du Monde jusqu'à présent, traduite de
l'Anglois, d'une Société de gens de Lettres, 15 vol. in-4. 180 l.
Introduction à l'Histoire moderne, générale & politique de l'Univers, où l'on voit
l'origine, les révolutions & la situation présente des différens Etats de l'Europe, de
l'Asie, de l'Afrique & de l'Amérique, commencée par le Baron de Puffendorf, &
continuée par M. de Grace, jusqu'à présent, 8 vol. in-4. 96 l.
Histoire Générale, Civile, Naturelle, Politique & Religieuse de tous les Peuples du
Monde, par M. l'Abbé Lambert, 15 vol. in-12. 37 l. 10 s.
L'Espion Turc dans les Cours des Princes Chrétiens, nouv. édit. 9 vol. in-12. 22 l. 10 s.
Histoire des Conjurations, Conspirations & Révolutions célebres de l'Univers, 10 vol.
in-12. 25 l.
Histoire générale des Guerres, &c. par M. le Chevalier d'Arcq, 2 vol. in-4. fig. 14 l.
Histoite du Peuple de Dieu, par le P. Berruyer, 10 vol. in-12. 25 l.
Du même, le Nouveau Testament, seconde Partie, 8 vol. in-12. 20 l.
L'Histoire du Vieux & Nouveau Testament, par le Sr. de Royaumont, in-12. 2 l. 10 s.
Abrégé de l'Histoire & de la Morale de l'ancien Testament, par M. l'Abbé Mesenguy,
avec des notes, in-12. 2 l. 10 s.
Hist. Ecclésiastique, par M. l'Abbé de Fleury, nouvelle édition, 36 vol. in-12. 108 l.
Abrégé de l'Histoire Ecclésiastique, par feu M. Racine, 13 vol. in-12. 52 l.
Anecdotes Ecclésiastiques, tirées de l'Histoire de Naples de Giannone, in-12. 3 l.
Histoire du Concile de Trente, traduite de l'Italien de Fra-Paolo, par le P. Courayer,
3 vol. in-4. 30 l.
Le même Livre, *grand papier*, 42 l.
La Vie du Pape Alexandre VI. & de son fils César Borgia, par Gordon, 2 vol. in-12. 6 l.
La Vie du Pape Sixte-Quint, trad. de l'Italien de G. Leti, 2 vol. in-12. fig. 5 l.
Histoire de Malte, par M. l'Abbé de Vertot, 7 vol. in-12. 17 l. 10 s.
La Monarchie des Solipses, trad. du Latin de Melchior Inchofer, in-12. 3 l.
Histoire des Juifs & des Peuples voisins, depuis la décadence des Royaumes d'Israël &
de Juda jusqu'à la mort de Jesus-Christ, par Prideaux, 2 vol. in-4. fig. 24 l.
Abrégé Chronologique de l'Histoire des Juifs, in-8. 5 l.
Hist. ancienne des Egyptiens, des Carthaginois, &c. par M. Rollin, 14 vol. in-12. 35 l.
Histoire moderne des Chinois, des Japonnois, des Indiens, des Persans, des Turcs,
des Russiens, &c. pour servir de suite à l'Histoire ancienne de M. Rollin, 8 vol.
in-12. 20 l.
Histoire des Arabes, par l'Abbé de Marigny, 4 vol. in-12. 10 l.
Histoire de Saladin, Sultan d'Egypte, par M. Marin, 2 vol. in-12. figures, 5 l.
Histoire Romaine, depuis la fondation de Rome jusqu'à la bataille d'Actium, par Mr.
Rollin, & continuée par M. Crevier, 16 vol. in-12. 40 l.
Révolutions Romaines, par M. l'Abbé de Vertot, 3 vol. in-12. 7 l. 10 s.
Vie de l'Empereur Julien, par M. l'Abbé de la Bletterie, in-12. 3 l.
Histoire de l'Empereur Jovien, & traduction de quelques Ouvrages de Julien, par le
même, 2 vol. in-12. 5 l.
Nouvel abrégé Chronologique de l'Histoire des Empereurs, 2 vol. in-8. 10 l.
Histoire des Empereurs Romains, depuis Auguste jusqu'à Constantin, par M. Crevier,
12 vol. in-12. 30 l.
Histoire du bas Empire, par M. le Beau, 4 vol. in-12. 12 l.
Histoire de Naples, par Giannone, 4 vol. in-4. 48 l.
Histoire des Révolutions de Naples, ès années 1747 & 48, par Mademoiselle de Lussan,
4 vol. in-12. 10 l.
Vita di Don Pietro Giron Duca d'Ossuna, Scritta da G. Leti, con fig. 3 vol. in-12. 9 l.
Histoire de la République de Venise, depuis sa fondation jusqu'à présent, par l'Abbé
Laugier, 5 vol. in-12. 12 l. 10 s.
Splendor magnificentissimæ Urbis Venetarum clarissimus, 2 vol. in-fol. *grand papier*,
cum multis figuris. 80 l.
Mémoires de Charles IX. in-4. 12 l.

Bonanni Columnæ Syracusarum Aulig. illustratarum cum animadversionibus, Haver-
    campi, in-fol. *figures*,   9 l.
Historia delle Guerre della Republica Fiorentina, Scritta da B. Varchi, in-fol. *fig.* 15 l.
Abrégé Chronologique de l'Histoire de France, par M. le Président Henault, derniere
    édition, 2 vol. in-8.   10 l.
Le même, orné des gravures de M. Cochin, dern. édit. in-4. avec le Suppl.   27 l.
Le même, *grand papier*,   36 l.
Abrégé de l'Histoire de France, par Mezerai, 14 vol. in-12.   36 l.
Histoire de France, par M. l'Abbé de Velly, 10 vol. in-12.   31 l.
Histoire de France, sous les regnes de Saint Louis, Philippe de Valois, du Roi Jean,
    de Charles V, & de Charles VI, par l'Abbé de Choisy, 4 vol. in-12.   10 l.
Histoire du Regne de Charles VI, par Mademoiselle de Lussan, 9 vol. in-12. 22 l. 10 s.
Mémoires de Philippe de Comines, par MM. Godefroy, augmentés par l'Abbé Lenglet
    du Fresnoy, 4 vol. in-4.   40 l.
Histoire de Louis XI. par M. Duclos, 3 vol. in-12.   9 l.
Histoire de Louis XI. par Mademoiselle de Lussan, 6 vol. in-12.   15 l.
Mémoires de Mart. & Guill. du Belley Langey, sous le regne de François I. donnés &
    mis en nouveau style, par l'Abbé Lambert, 7 vol. in-12.   17 l. 10 s.
Histoire Universelle de M. de Thou, 16 vol. in-4.   160 l.
La même, *grand papier*.
Histoire des Guerres Civiles de France, traduite de l'Italien de Davila, avec des Notes
    historiques & critiques, par l'Abbé Mallet, 3 vol. in-4.   30 l.
Le même Ouvrage, *grand papier*.   42 l.
Les Mémoires de Sully, édition augmentée par l'Auteur. *Paris*, 1752, 3 v. in-4.   30 l.
Le même Ouvrage, *grand papier*,   42 l.
Le même Ouvrage, derniere édition, 8 vol. in-12.   20 l.
Satyre Menippée, de la vertu du Catholicon d'Espagne & de la France, des Etats de
    Paris, derniere édition, 3 vol. in-8.   15 l.
Vie du Brave Crillon, sous les regnes de Henri II. François II. Charles IX. Henri III.
    & Henri IV. 2 vol. in-12.   5 l.
Histoire de Louis XIII. Roi de France, par Michel le Vassor, 7 vol. in-4.   72 l.
Mémoire pour servir à l'Histoire d'Anne d'Autriche, épouse de Louis XIII. par Ma-
    dame de Motteville, 6 vol. in-12.   15 l.
Vie du Cardinal de Richelieu, par le Clerc, 5 vol. in-12.   12 l. 10 s.
Histoire du regne de Louis XIV. par M. Reboulet, 3 vol. in-4.   30 l.
Le même Ouvrage, 9 vol. in-12.   22 l. 10 s.
Histoire de la Vie & du Regne de Louis XIV. rédigée sur les Mémoires du Comte ***,
    publiée par M. de la Martiniere, enrichie de belles médailles frappées pendant le
    regne dudit Roi, 5 vol. in-4.   80 l.
Mémoires du Cardinal de Retz, de Joly & de Madame la Duchesse de Nemours,
    7 vol. in-12.   17 l. 10 s.
Histoire du Cardinal Mazarin, par Aubry, 4 vol. in-12.   10 l.
Histoire du Traité de Westphalie, par le P. Bougeant, 6 vol. in-12.   15 l.
Négociations de M. le Comte d'Avaux, en Hollande, depuis 1679 jusqu'en 1684,
    6 vol. in-12.   15 l.
Les Mémoires de M. du Guay-Trouin, très belle édition, ornée de fig. *Paris*, 1740.
    in-4.   12 l.
Le même Ouvrage, *grand papier*,   18 l.
Le même Ouvrage, in 12. avec les mêmes figures,   3 l.
Mémoires de M. de Torcy, pour servir à l'Histoire des Négociateurs, depuis le Traité
    de Riswick jusqu'à la Paix d'Utrecht, 3 vol. in-12.   7 l. 10 s.
Annales Politiques de M. l'Abbé de Saint-Pierre, 2 vol. in-12.   5 l.
Mém. de M. de Bordeaux, Intend. des Finances, par M. G. D. C. 4 vol. in-12.   10 l.
Lettres & Mémoires de Madame de Maintenon, 15 vol. in-12.   30 l.
Vie de Philippe, Duc d'Orléans, 2 vol. in-12.   6 l.
Mémoires de la Régence. *Paris*, 1749. 5 vol. in-12. *petit forma*,   10 l.
Recueil de différentes choses, par M. le Marquis de Lassay, 4 vol. in-8.   12 l.
Mémoires de M. de Luxembourg, in-4.   11 l.
Essais Historiques sur Paris, par M. de Saint-Foix, 3 vol. in-12.   7 l. 10 s.
Mémorial de Paris & de ses Environs, 2 vol. in-12. figures,   3 l.

HISTOIRE. 15

Defcription de Verfailles & de Marly, par Piganiol de la Force, 2 vol. in-12. fig. 5 l.
Annales de l'Empire, depuis Charlemagne, par M. de Voltaire, 2 vol. in-12. 6 l.
Vita del Imperatore Carlo V. da Leti, 4 vol. in-12. figures, 15 l.
Abrégé Chronologique de l'Hiftoire d'Efpagne, depuis fa fondation jufqu'à préfent, 5 vol. in-12. 7 l. 10 f.
Hiftoire générale d'Efpagne, traduite de l'Efpagnol de Ferreras, enrichie de Notes, Vignettes & Cartes géographiques, par d'Hermilly, 10 vol. in-4. 120 l.
Hiftoire des Révolutions d'Efpagne, depuis les premiers tems jufqu'à préfent, par le P. d'Orléans, revue par les PP. Rouillée & Brumoy, 4 vol. in-8. 12 l.
La Vie de Philippe II. Roi d'Efpagne, traduite de l'Italien de Leti, par M. de Chevrieres, 6 vol. in-12. 18 l.
Révolutions de Portugal, par M. l'Abbé de Vertot, in-12. 2 l. 10 f.
Nouvel abrégé Chronologique de l'Hiftoire d'Angleterre, traduit de l'Anglois de Salmon, 2 vol. in-8. 9 l.
Abrégé Chron. de l'Hift. d'Angleterre, par M. Duport du Tertre, 3 v. in-12. 7 l. 10 f.
Hiftoire d'Angleterre, par Rapin-Thoyras, 16 vol. in-4. 160 l.
Hiftoire des Révolutions d'Angleterre, par le P. d'Orléans, 4 vol. in-12. 10 l.
Hiftoire Navale d'Angleterre, 3 vol. in-4. 30 l.
Burnets Hiftory of his own Time, 6 vol. in-8. 18 l.
Hiftoire de Guillaume le Conquerant, Duc de Normandie & Roi d'Angleterre, par M. l'Abbé Prevoft, 2 vol. in-12. 5 l.
Chronique des Rois d'Angleterre, in-8. 5 l.
Hiftoire des Révolutions de la Hongrie, 6 vol. in-12. 18 l.
Hiftoire du Japon, par le P. Charlevoix, 6 vol. in-12. avec figures, 25 l.
Révolutions de Suede, par M. l'Abbé de Vertot, 2 vol. in-12. 5 l.
Hiftoire de Charles XII. avec des médailles & les plans des Batailles, traduite du Suédois de M. Norberg, 3 vol. in-4. 36 l.
Le même Ouvrage, *grand papier*, 60 l.
Hiftoire des Aventuriers Flibuftiers, augmentée de l'Hiftoire des Pirates Anglois, par Alexandre-Olivier Oexmelin, 4 vol. in-4. figures, 10 l.
Hiftoire de la Conquête du Mexique ou de la Nouvelle-Efpagne, traduite de l'Efpagnol de Dom Antoine de Solis, 2 vol. in-12. figures, 5 l.
Hiftoire des Incas, Rois du Pérou, traduite de l'Efpagnol de Garcilaffo de la Vega, 2 vol. in-8. figures, 5 l.
Hiftoire de la Découverte & Conquête du Pérou, traduite de l'Efpagnol de Zarate, 2 vol. in-12. figures, 5 l.
Hiftoire des Tremblemens de Terre arrivés à Lima, avec la Defcription du Pérou, traduite de l'Anglois, in-12. 3 l.
Hiftoire du Paraguai, par le P. de Charlevoix, 6 vol. in-12. figures, 15 l.
Hiftoire de la Louifiane, par M. le Page du Pratz, 3 vol. in-12. avec figures, 9 l.
Dictionnaire abrégé d'Antiquités, par Monchablon, in-12. *petit forma*, 2 l. 10 f.
Recueil des Antiquités Grecques & Romaines, Etrufques & Gauloifes, repréfentées par un grand nombre de Planches gravées en taille douce, par M. le Comte de Caylus, 3 vol. in-4. 72 l.
Hiftoire d'un Voyage Littéraire fait en 1733 en France, en Angleterre & en Hollande, par la Croze, in-12. 3 l.
L'Efprit de l'Abbé Desfontaines, 4 vol. in-12. 12 l.
Vies des Hommes illuftres de Plutarque, trad. par Dacier, 14 vol. in-12. 35 l.
Œuvres de Meffire P. Bourdeille, Seigneur de Brantome, 15 vol. in-12. *petit forma*, 35 l.
Dictionnaire Généalogique, Chronologique, Héraldique & Hiftorique, contenant l'origine & l'état actuel de toutes les Maifons de France & des principales de l'Europe, 3 vol. in-8. 15 l.
Supplément du même Livre, 3 vol. in-8. 15 l.
Dictionnaire Hiftorique, Littéraire & Critique, contenant une idée abrégée de la Vie & des Ouvrages des Hommes illuftres en tout genre, de tout tems & de tout pays, 6 vol. in-8. 30 l.
Le grand Diction. Hiftorique, par Louis Moreri, derniere édition, 10 vol. in fol. 180 l.
Dictionnaire Hiftorique & Critique, par Pierre Bayle, avec la Vie de l'Auteur, par Defmaizeaux, 5 vol. in fol. 120 l.

Œuvres diverses de Pierre Bayle, nouvelle édition augmentée, 4 vol. in fol. 100 l.
Dictionnaire Historique, ou Mémoires Critiques & Littéraires de Prosper Marchand, 2 vol. in-fol. 30 l.

On trouve chez le même Libraire toutes sortes de Livres, tant de France que des Pays étrangers, ainsi que toutes les Nouveautés.

PIECES DE THÉATRE DÉTACHÉES,

Qui se vendent séparément chez le même Libraire.

DE FEU M. HOUDART DE LA MOTTE.

Inès de Castro, Tragédie.
Romulus, Tragédie.
Les Machabées, Tragédie.
Le Magnifique, Comédie.
La Matrone d'Ephese, Comédie.

DE M. DE VOLTAIRE.

Œdipe, Tragédie.
Hérode & Mariamne, Tragédie.
Brutus, Tragédie.
L'Indiscret, Comédie.
L'Enfant Prodigue, Comédie.
Mérope, Tragédie.
Alzire, Tragédie.
Zaïre, Tragédie.
Mahomet, Tragédie.
La Mort de César, Tragédie.
Rome Sauvée, Tragédie.
Sémiramis, Tragédie.
Tancrede, Tragédie.

DE M. DE CRÉBILLON.

Catilina, Tragédie.
Xerxès, Tragédie.
Le Triumvirat, Tragédie.

DE M. DE LA CHAUSSÉE.

La Fausse Antipathie, Comédie.
Le Préjugé à la mode, Comédie.
L'Ecole des Amis, Comédie.
Maximien, Tragédie.
Mélanide, Comédie.
L'École des Meres, Comédie.
Amour pour Amour, Comédie.
Le Rival de lui-même, Comédie.
La Gouvernante, Comédie.
L'Amour Castillan, Comédie.

DE FEU M. DESTOUCHES.

Le Glorieux, Comédie.
Le Philosophe marié, Comédie.
Le Dissipateur, Comédie.
La Fausse Agnès, Comédie.
Le Triple Mariage, Comédie.

La Force du Naturel, Comédie.
Le Jeune Homme à l'Epreuve, Comédie.

DE M. PIRON.

Les Fils ingrats, Comédie.
Calisthenes, Tragédie.
Gustave, Tragédie.
Les Courses de Tempé, Pastorale.
La Métromanie, Comédie.
Fernand Cortez, Tragédie.
L'Ecole des Peres, Comédie.

DE M. FAGAN.

L'Amitié Rivale, Comédie.
Les Caracteres de Thalie, Comédie.
La Jalousie imprévue, Comédie.
Le Marié sans le sçavoir, Comédie.
Joconde, Comédie.
L'Heureux Retour, Comédie.
Le Rendez-vous, Comédie.
La Pupille, Comédie.

DE M. DE SAINT-FOIX.

L'Oracle, Comédie.
Deucalion & Pirrha, Comédie.
Les Veuves Turques, Comédie.
Le Sylphe, Comédie.
L'Isle Sauvage, Comédie.
Les Graces, Comédie.
Julie, ou l'Heureuse Epreuve, Comédie.
Les Parfaits Amans, Comédie.
Alceste, Divertissement.
Les Hommes, Comédie-Ballet.
Les Veuves, Comédie.
La Colonie, Comédie.

DE M. DE CAHUSAC.

Pharamond, Tragédie.
Zénéïde, Comédie.
L'Algérien, Comédie.

DE M. DE LA NOUÉ.

Le Retour de Mars, Comédie.
Mahomet second, Tragédie.

DE M. DE MARIVAUX.

La seconde Surprise de l'Amour, Comédie.

L'Amant-Auteur & Valet, Comédie.
Le Tribunal de l'Amour, Comédie.
La Double Extravagance, Comédie.
Achille & Déidamie, Parodie.
Arlequin aux Champs Elisées, Comédie.
Le Rajeunissement inutile, Comédie.
Les Fées, Comédie.
Les Ennuis du Carnaval, Comédie.
La Famille, Comédie.
La Fille Arbitre, Comédie.
L'Accommodement imprévu, Comédie.
Le Double Veuvage, Comédie.
L'Avocat Patelin. Comédie.
L'Impertinent, Comédie.
Le Mercure Galant, Comédie.
Turcaret, Comédie.
L'Homme à bonnes fortunes, Comédie.
Les Menechmes, Comédie.
Le Galant Jardinier, Comédie.
Les trois Cousines, Comédie.
L'Andrienne, Comédie.
Le Légataire Universel, Comédie.
La Mere Coquette, Comédie.

Amenophis, Tragédie, de M. Savin.
Spartacus, Tragédie, du même.
Astarbé, Tragédie, de M. Colardeau.
Hypermnestre, Tragédie, de M. le Mierre.
La Coquette fixée, Comédie.
Cénie, Piece Dramatique, de Madame de Graffigny.
Melezinde, Piece de M. le Beau.
Le Petit Philosophe, Comédie, de Mr. Poinsinet.
Le Savetier Joyeux, Opera-comique.
Le Peintre amoureux de son Modele, Opera-comique.
Le Docteur Sangrado, Opéra comique.
Le Médecin d'Amour, Opera-comique.
Le Rossignol, Opera-comique.
Le Diable-à-quatre, Opera-comique.
Gilles, Garçon Peintre, Opera-comique.
Le Magasin des Modernes, Opera-comique, de M. Pannard.
Blaise le Savetier, Opera-comique.

Les Sociétés qui voudront jouer la Comédie, trouveront chez le même Libraire un assortiment général des Pieces de Théâtre détachées, tant anciennes que nouvelles.

www.ingramcontent.com/pod-product-compliance
Lightning Source LLC
LaVergne TN
LVHW010054060726
842524LV00006B/2197